JN064902

シリウス意識が教えてくれる、
何にもいらない
Karma の法則
カルマ

世界を旅して
地球を癒やす
トラベリング・ガール
Traveling Girl
からのメッセージ

Karma

VOICE

From Sedona in Arizona

自分を見つめ直したいとき、
思い立ったら、ロサンゼルスから急遽、
車を走らせて
突然訪れたくなるのがセドナ。
私はいつでも、どんなときでも旅と一緒。
さあ、あなたも旅をしよう！
きっと新しい自分に出会えるはず。

With Pyramid & Sphinx in Egypt

1万年も雨が降らない
とされているエジプトにも、
水と風による浸食の跡がある。
そんな歴史にない事実も
知ることができるのが旅。

旅先では、あなたが
あなたのままでいるだけで
完璧なタイミングで宇宙が
ギフトを運んできてくれるよ!
さまざまなサプライズの
ギフトを楽しんで。

ここメキシコの
ユカタン半島には
かつて巨大隕石が衝突して

恐竜など地球の多くの生命が
絶滅したとのこと。
そんな悠久の時の中に
身をゆだねてみる。

あせってもあせらなくても、
どっちでもいいんだよ。
行き着く場所は、同じだから。
とりあえず、ため息が出たら
笑って"あ〜幸せだなぁ"って
言ってみよう。
幸せの波動に変わるよ。

From Florida and Montana

フロリダにて
摩訶不思議な
反重力を感じる
エリアを見つけた！

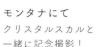

モンタナにて
クリスタルスカルと
一緒に記念撮影！

幸せになることを恐れないで。
幸せになるために
ブレーキをかける必要もないし、
幸せになるのに
時間なんか必要ない！

はじめに

〜それでも生きるのをあきらめなかった
すべての人たちへ〜

はじめまして！

　私は現在、在住しているアメリカのロサンゼルスやアメリカ国内にあるボルテックス（エネルギースポット）から、ご縁のある日本と世界の皆さんに向けて、自身のYouTubeチャンネルやセッションなどを通じて、スピリチュアルヒーラー、チャネラー、UFOコンタクティ、自己啓発インフルエンサーとして活動しています。

　私は旅をすることも大好きなので、セドナやシャスタ山などアメリカ各地をはじめ、メキシコ、エジプト、ペルーなど世界中のパワースポットや古代の遺跡を巡り、大自然と触れ合いながらその土地のヒーリングも行っています。

SNS ではその様子をライブでお届けしながら、現地のエネルギーやスピリチュアルの世界の真実や最新の情報を皆さんに提供しています。

　この本は、ありのままのあなたを最短最速で無条件に受け入れるようになるための１冊です。

　特に、これまでスピリチュアルと名のつくメソッドの何をやってもダメだった人、また、どんなセミナーに参加しても癒やされることのなかったあなたにこそ読んでいただきたい本です。

　私たちは自分が癒やされるために、また、幸せになるために何かをしなければならない、ということではなく、本来なら何も必要としないでいい世界へ瞬間移動していける存在なのです。
　そのために必要なことは、「もう何も必要としませんよ！」ということでもあるのです。
　その秘密をこの本でお伝えしていきます。

実は、この私自身も皆さんと同じように悩み多き日々を送っていた時代もありました。

　胎内記憶を持ち生まれてきて以来、幼少期に善良な宇宙人からのアブダクション体験をした私が、以降、宇宙人や見えない存在たちとのさまざまな交流を通して、どのように今現在の私自身に至ったのかという人生の旅路は、そのまま私のスピリチュアリティの探求のプロセスでもありました。

　幼い頃から人間社会の中で感じてきた私の生きづらさや理解してもらえないもどかしさ、超感覚と共に生きてきた私のサバイバルの日々をお伝えすることで、今、アセンションを迎えているこの時期に皆さんが同じように感じている生きづらさや迷いに対する気づきになるのではないかと思っています。

　この本には、現代社会に生きるすべての人たちへ贈る無条件の愛と光のメッセージが詰まっています。

　世界中の人々が本書に触れることで、本来の自分自身と

自己愛に目覚め、調和とバランスの取れた状態を取り戻せることを願っています。

　すべての人が、創造性を最大限に発揮して自身の人生を輝きながら歩んでいけるように心からのエールを送ります。

Karma

Contents

第 **2** 章

小学校時代
~時空間が錯綜する「パラレルリアリティ」を体験~

第 **3** 章

私とつながる
「シリウス意識」について

すべての鍵は周波数
～難しいメソッドは要らない！～

第 5 章

エネルギーの回路を変えて
瞬間移動する

第 **6** 章

シリウス意識から魂のガイダンス

～あなたの悩みに高次元からお答えします～

第 7 章

新しいあなたに出会える
シリウス瞑想

第 1 章

誕生から
幼稚園まで

〜宇宙からやってきた私〜

最も生きづらかったのは
子ども時代

　普通の人が人生に迷いや悩みを抱え生きづらさを感じはじめるのは、早ければ将来の道を考えはじめる10代半ばくらいからではないでしょうか。

　もしくは、学校を卒業して就職して会社勤めで人間関係に悩んだり、キャリアの方向性に悩んだりするように、いわゆる大人になってからだと思います。

　けれども、私が人生において最も生きづらさを感じていた時代は、幼少期から小学校にかけてだったのです。

　それは、「はじめに」でもお伝えした通り、私は胎内記憶を持ち生まれてきて以来、ゼロ歳の時に善良な宇宙人からのアブダクション体験をし、以降も宇宙人としてのスピリットのまま自由にエネルギーを爆発させながら生きていたからです。

そんな私にとって、幼稚園や小学校という人間が作り上げた"社会"はとても生きづらい場所であり（もちろん楽しいことも多かったのですが）、クラスメイトをはじめ両親や先生などとのコミュニケーションにも葛藤を覚えることが多々ありました。

　そこで、まずは私が生まれる前から誕生を経て、幼稚園、小学校、ティーンエイジャー時代を経て今に至るまでと私の成長の過程をお伝えしながら、そのプロセスにおいて、見えない世界や異次元との邂逅（かいこう）をどのように捉え受け止めながら、自分なりに生きるための答えを見つけていったか、ということをお話ししていきたいと思います。

　それが現在、大人になって悩み多き日々を送っている人たちにとって、きっと何かのヒントにもなるはずだからです。

　さあ、それではこれから私、Karmaの奇想天外、かつパラレルワールドを飛び交いながら生きてきたユニークな人生の旅路をお話ししていきましょう！

誕生──サムシンググレート
(大いなる宇宙ワンネス) から
愛と光の惑星地球に転生

　この惑星である地球に生まれてくる前の私は、宇宙のかなたからぼんやりと、今から自分の母親になる人の姿を見ていました。

　彼女のやさしそうでおだやかで、可愛くて、かつ楽しそうなエネルギーに惹かれて、この人のもとへ行けば自分も同じように楽しい人生が送れるんだろうな、と思ったのを憶えています。

　今思い返すと、私はそんな軽い感じのノリで自分の母親を決めてきたようです。

　基本的に、私はどの母親のもとから生まれてきても自分の力で人生を歩む力があったようなので、母親選びはとてもカンタンだったのです。

　こうして私は、母親のお腹の中へ飛び込んでいきました！

妊娠中の母親のお腹の中において、母親の感情と赤ちゃんは密接につながっています。

　私の場合、ありがたいことに母親が胎教においては教科書通りに過ごしてくれたようです。

　母は、もともとクラシック音楽を聴いたり編み物をしたりするのが好きな人だったようで、妊娠中の期間も音楽や編み物を楽しんでいる時間はとても幸せそうでした。

　母のお腹の中にいる私も一緒に、うっとりとリラックスしながらいい気分で過ごしていたのです。

　母親のお腹の中にいる時には、こんなこともありました。

　ある日は、母親のお腹の中から自宅の部屋の天井付近でイルカやクジラたちが泳いでいる光景を眺めていることがありました。

　どうやら、そのイルカやクジラたちは私が呼んだらしかったのですが、彼らのエネルギーを母親のお腹の中に流して自分の中に取り入れたり、また、母親のハートにも流したりして遊んでいたのを憶えています。

そんな瞬間は、私と母にとって、とても楽しいひととき
でした。

　一方で、母が何らかの理由で悲しみを抱えているのがわ
かることもありました。

　そんな時は、お腹の中にいる私自身も同じように不安や
悲しみのエネルギーを一緒に感じていたものです。

　こんなふうに、人は母親の感情のパターンや信念体系を
コピーして生まれてくるのです。

　だからもし、あなたが今、妊娠中だったり、これから母
親になろうとしたりするような女性なら、まずは自分自身
を癒やしてほしいと思っています。

　その上で、ご自身の感情と信念体系を見つめながら内観
してみてください。

　そして、どんな時もおだやかで気分良くいられるように
心がけてほしいのです。

　あなたから生まれてくる神聖な命である赤ちゃんの足を
引っ張らないように努めましょう（笑）。

　まっさらでピカピカな命に不安や悲しみは似合いません
よね。

ゼロ歳で起きた アブダクション

──まばゆい銀色の光の宇宙人の UFO へ搭乗

それは、まだ私が1歳になる前の赤ちゃんだった頃に起きた出来事です。

ある深夜のこと、寝ている時に地球の人類に友好的なタイプの宇宙人が私の目の前に現れたのです。

そして、私は彼らからの誘いに同意すると彼らのUFOに一緒に乗ることになりました。

基本的に、宇宙にはさまざまな文明が存在していますが、数多ある惑星の名前だけでなく、たとえば、「シリウス文明」などの文明の名称などは、私たち地球人の理解のためだけに付けられた名前です。

同様に「宇宙連合」や「銀河連合」などの連合（アライアンス）や組織などの名称も、地球人にわかりやすいように宇宙における各々の存在の意味や在り方が人類に向けて翻訳されて名前が付けられています。

　ちなみに、ゼロ歳だった私のもとへやってきた宇宙人は、まばゆい銀色の肌をしていました。

　私が彼らのUFOに乗った時、私と同じ年ごろのまだハイハイしかできないような赤ちゃんが他に3人乗っていました。

　そのうちの1人は金髪に青い目のアングロサクソン系の男の子、もう1人は東洋人の男の子、そして、もう1人は褐色の肌をした女の子でした。

　さて、UFOの中へ連れて行かれた私は、3人の宇宙人に囲まれながら、手術台のようなベッドに寝かされました。

　この時、私には一切恐怖心はありませんでした。

　なぜなら、彼らとはテレパシーで交信しており、彼が行うことに対して、すべて私が決定権を持っていたからです。彼らからは私の自由意志を尊重してもらっているのを

十分に理解していました。

　そんな彼らが私に送ってきたメッセージは、私が２つの選択から１つを選ぶというものでした。それは、自分たちと一緒に来るか、それとも地球に残るかという提案でした。

「あなたは、このまま地球に残っていると非常につらい人生になる。だから、我々と一緒に自分たちの自然豊かな緑の星であり、かつ、無条件の愛の惑星に行こう！」

　と誘われて、彼らから二択を迫られた私でした。

　しかし、この世に生まれてきてまだたった数か月の私だったものの、自分が地球にやってきたという喜びと、自分が生まれてきたことに家族がとても喜んでいる姿が脳裏に浮かんできたので地球に残ることにしました。

　３人の宇宙人たちは私の選択を尊重してくれると、手術台の上にいる私に、これから地球に戻るにあたって地球の厳しい環境でも自分の能力を発揮できるように、と松果体の調整をしてくれたのです。

　これは、人間の世界できちんと生きていくための“プロ

テクション（防御）"のようなものでした。

　その方法も、道具を使うものでなく、彼らの指だけを使って行われました。このプロテクションの手術の最中は彼らの指先が光っていたのを憶えています。

　どうやらこの時の手術のおかげで、以降大人になるまで、私が持って生まれてきたあらゆる能力や感覚が失われずに済んだようです。

　他にも、ベビーカーに乗っている時に宇宙船から緑の慈愛の光が私のハートに送られてきたことがあり、それがとても心地良かったことも憶えています。

　またその頃はよく、部屋の天井のあたりに昆虫型のUFOのようなモノが止まっていましたが、宇宙からのテレパシーにより、「それは昆虫ではない。アンドロイドであり機械である」ということを教えられ、私の近くに偵察機がやってきていたことなどもありました。

幼稚園時代
──①創造主とつながり、ワンネスの状態を味わう

　このようにして、生まれてすぐの時代から宇宙人からのサポートもあったからか、私はすでに幼稚園時代には大いなる源である創造主とつながり、思い切りワンネス体験をしていました。

　たとえば、幼稚園時代のある日、ひだまりの中で庭に生えていたタンポポの綿毛を見ながら、時空を超えて瞑想状態の中でワンネス体験をしていたこともあります。

　この頃は、テレパシーで宇宙からの情報を得ていたので、子どもながらにして、大人たちの考えていることが手に取るようにわかっていました。

　そして、そんな周囲の大人たちが、どうして大したことでもないことにいちいち悩んでいるのかも不思議だったのです。

　そこで、ついよかれと思って私の方から彼らが悩んでい

ることに対して、解決方法などを口にしてしまうこともありました。

　すると、彼らからは喜ばれるどころか、逆に「子どもは黙っていなさい！」などと、よく怒られたものでした。

　読者の皆さんならすでにお気づきかもしれませんが、実は、大人より赤ちゃんや小さな子どもの方が意識は拡大していて、あらゆるものと調和しているものです。

　だからもし、あなたの家族やあなたの周囲に小さな子どもがいる場合、「子どもだから」と一蹴せず、対等な一個人として扱ってあげてほしいのです。

　彼らは、すばらしいひらめきにあふれた存在たちでもあるのですから。

　また、成人した大人であったとしても、私から見てもキラキラとまばゆい人たちも多いです。

　たとえば、小さな国の国王や有名人・著名人などにもお会いする機会がありましたが、そんな成功者と呼べる人たちほど、ピュアで子ども心を忘れていない人たちが多いと言えるでしょう。

今、多くの子どもたちが、あらゆる意味において大人を
サポートするために生まれてきています。

　私たち大人は彼らの純粋なエネルギーに触れることで、
思考がより柔軟になり、スムーズに人生を歩めるはずなの
です。

　さて、私の幼稚園時代といえば、幼稚園の先生方、特に
園長先生のお話が長すぎてよく退屈していました。

　そんな時は、いつも彼らのオーラ（身体の周囲にあるエ
ネルギーの膜のようなもの）を見ながら過ごしていたのを
憶えています。

　当時の私は、このオーラが他の人には見えていないとい
うことに大人になるまで気づいていませんでした。

　また、この身体から発せられているエネルギーのことが
「オーラ」と呼ばれていることも後で知りました。

　他の人たちにはオーラが見えていないと知った時は、何
度も何度もその人たちに確認したあげく、その事実に腰が
抜けるほどに驚いたことを憶えています。

幼稚園時代
──②テレパシーで
すべての存在とつながる

　私が小さい頃は、さまざまな能力の中でも特にテレパシー能力が高く、大抵のことを言語以外の領域で理解していたようです。

　そんな私だったからか、今とはまったく異なり、大人になるまでどちらかと言えば話すのが得意ではなく、おとなしく静かな性格でした。

　幼少期は、まるで宇宙エネルギーが爆発したような日々の中で生きていたので、毎日がダイナミックな体験ばかりでした。

　たとえば、自然の中に出て風や山々の神々と一体になると、日本にいながらにしてアフリカの野生動物や自然動植物とつながったり、空を見上げて宇宙の星々の家族たちと交信したりなど、万物のあらゆる存在とのつながりを体感することができていたのです。

それと同時に、当時から現代社会で生きる人たちが大自然や地球とのつながりから分断されていることに非常に心を痛めてもいました。

　そこで、子どもながらにして地球の環境問題などにも興味を持ち、何かできることはないかというパッションも感じていました。

幼稚園時代
——③石との楽しい交流

　自然との交流の中には、石との交流もありました。
　今でこそスピリチュアルに興味のある人たちはクリスタル他、天然石のパワーを日々の生活の中に取り入れはじめていますが、私の場合は、ごく自然に小さな頃から石との交流を行ってきました。

たとえば、こんなエピソードもありました。

　幼稚園時代、早生まれの私だったからか、遠足など皆で行動をする際は、いつも他の生徒たちの一番後ろを追いかけるようについて歩くのが習慣になっていました。

　そんなある日、幼稚園で自然の中へ出かける行事があり、いつものように、私の前方に先生たちも含めて100人近くが一列になって歩いていた際、急に私は何かのサインがある方向から飛んできたような気がしたので、そちらの方向を見てみたのです。

　すると、まだ小さな子どもの私でも手の届く場所に大きな美しいアメジストの石がありました。

　前方には大人を含めたくさんの園児たちが100人近く通って行ったのにもかかわらず、そのアメジストは誰の目にも止まらなかったのが私にはとても不思議でした。

　そして私は、そのアメジストの美しさと大きさに驚き、感動したのです。

　すでにその頃は、肉体を持ちながら違う次元に半分身体が入った状態で目に見えない存在たちとテレパシーでつな

がることにも慣れていたので、その発見をあえて誰にも言わずに心の中に留めておきました。

　こんなふうに、幼稚園時代から野外での活動の際などは、自然の中から自分の好きな小石を選ぶと、それを手で握ったり、触ったりしながら、石のエネルギーと一緒になって遊びながら走っていたものです。

　特に、炎天下で汗だくになって走らなければならないような時には、小石たちのエネルギーに助けてもらっていました。

　石は常に私の友達でした。

　小学校1年生の頃に見つけた石は、つい最近になるまで所有していましたが、私の人生をずっと見守りサポートしてくれていたに違いありません。

　思えば、私がアメリカに来た理由の1つも石が教えてくれたのです。

　ティーンエイジャーの頃、これから先の進路を決める時期に、どのような方向へ行くべきかと悩んでいた私は、ある日、ふと山へ行った際に、巨石を見つけてその上に1人

で座りながらぼんやりと考えていました。

　もちろん、その頃はまだ瞑想や内観というものなどは自分でも知りませんでした。

　けれども、なぜか導かれるように巨石の上で目を瞑ると、自分の内側からなぜだかわからないけど、「アメリカに行かなければならない……」という強い思いがふつふつと湧き上がってきたのです。

　それが、今の私のアメリカでの活動につながっているのです。

　こんなふうに、人生の要所要所で石は私にガイダンスを与えてくれているようです。

第 2 章

小学校時代

~時空間が錯綜する
「パラレルリアリティ」
を体験~

ネガティブな
宇宙人からの妨害⁉

さて、人生の時系列を小学生時代に戻しましょう。

今でこそ「自分の望むパラレルリアリティ（並行現実）へ行く」などというフレーズがよく使われるようになりましたが、すでに私は小学生の頃に時空間が錯綜するパラレルリアリティを体験していました。

幼稚園時代から源（ソース）とつながって生きていた私は、小学校に上がると、早速つらい日々が待っていました。

というのも、エリートコースまっしぐらのロボット人間のような先生が私の担任になり、まったく正反対のタイプの私とは不協和音の日々が続くことになったのです。

そんな機械的で冷たい先生は、私のクラスを2年間担当することになりました。

基本的に、成績に関してはIQも高かった私は、1年生

まではどの教科でも大して勉強をしていなくてもいい成績
だったようです。

　特に両親いわく、基本的な問題より応用力を必要とする
ような難しい問題の方が得意だったようです。

　けれども、クラスという集団の社会の中で生き抜くに
は、より平均的であるべきで、より協調性を持ち目立たな
いようにしていなければならない、ということを私も次第
に学んでいったのです。

　やはり、「出る杭は打たれる」ものです。
　ついに、すでに私は小学２年生で心身共に疲弊してしま
いました。
　小学校に上がったタイミングから、家庭環境の方も次第
に機能不全に陥りはじめ、私は小学校低学年にして学校に
も家庭にも居場所がないことを感じはじめたのです。

　加えて、自然がなくアスファルトやビルばかりしかない
都会の環境にも疲れてしまうという、人生の"冬の時代"
を早速味わうことになり、そんな苦しい時代がそこから結

構、長く続くことになりました。

　この頃は、ネガティブな宇宙人から妨害もありました。

　ネガティブな宇宙人は、守られている私自身には直接妨害できないので、私の周囲の人へのアプローチをして困らせる、ということをよくやっていたようです。

　そんな妨害の例として、たとえば、小1の頃のこんな出来事もありました。

　ある日、掃除当番だった私は、隣の男の子と一緒に掃除をした後にタオルを絞って教室の窓の近くに干したところでした。

　すると、その瞬間に時空間が一瞬のうちに変わったのです。

　目の前には、私が干したばかりのタオルが2枚目の前にぶら下がっています。

　けれども、変化した時空間では、そのタオルを私は干していないので隣の男の子が代わりに干した、ということになっていたのです。

　すでに、他のクラスメイトたちは席についており、授業がはじまっているのでシンとした静かな空間の中、タオル

を干さなかったという理由で私は先生から怒られていたのです。

　もちろん、クラスメイトたちの反応も、「私はタオルを干していない」ということが共通認識のようでした。

　時空間を変えられてしまった私は、先生から怒られれば怒られるほどにもどかしい気持ちになりましたが、このことを先生やクラスメイトに上手く説明ができるはずもありません。

　こんなふうに、こちらの意図や意志とは関係なく、突然、時空間が変わることがあり、私はそのたびに混乱することになりました。

　小学校に入った6〜7歳の小さな女の子である私にとって、すでに生きることが苦行のように感じられはじめ、その対処法として、周囲のすべての人たちに合わせる、という"練習"をすることになりました。

　他には、ささいなことですがこんなエピソードもありました。

　当時、クラスの女子たちの間では、有名な国民的アイド

ルグループの話をするのが習慣になっていました。

　そこで私も、彼らの話になんとか合わせようと努力していました。

　たとえば、私もグループのメンバーのうち、誰が自分の"推し"であり、誰がそうでないか、というような会話に参加していたのです。

　ところがある日、クラスの女子全員がそのグループの中で私が一番嫌いだといっていた人が、私の一番の推しとして認識していることに気づいたのです。

　これには驚きました。

　そんなことは、決してこれまで一言も言ってこなかったのに。

　どうして、いつの間に、そんな話になっているのだろう……と。

　こんなことは、大した話ではないかもしれませんが、当時のクラスメイトにとって、こんなささいな会話こそが友人づくりや友人との信頼関係においてとても重要だったのです。

　当時は、このように記憶のすり替えがいつの間にか起

こっていたことにショックを受けるとともに、1人で密か
にとても憤慨していたものでした。

アパルトヘイトの
活動家の人生に飛び込む

　パラレルリアリティは、前世へのフラッシュバックも含
まれます。

　自宅においても、家族で夕食時に団欒を囲んでいると、
突然、パッと時空を飛び超えて別の次元に行ってしまうこ
とがしばしばありました。

　それは、いわゆる私の過去生（今に存在する別の世界）
に突然、飛び込んでしまう、というものでした。

　それは、決まってなぜか夕飯時に食事をしていると起き
たのです。

ある時、南アフリカのアパルトヘイトの時代（1948年から起きた人種差別運動）の時空間に飛んでいきました。

　この時、私は南アフリカの社会活動をしている黒人の男性であり、年齢は40歳くらいでした。

　私は、他の仲間たちと一緒に巨大な権力から必死に逃げていたようです。

　私の意識は逃げているその男性自身になっていて、彼の荒い息遣いなどすべてがリアルに感じられました。

　その男性と私の意識は一心同体というより、私自身＝彼になっているわけなので、私は心臓の鼓動も激しい状態で、必死で焦って逃げているのです。

　そして、その時空間から、また突如小学生の自分の現実に戻ってくるので、「さっきのあれはなんだったんだろう？」と混乱してしまうのです。

　その当時、同じ人種である黒人のハリウッド俳優のクリス・タッカーやウィル・スミスの存在を知っていた私は、そのアフリカの男性＝自分自身が彼らに比べると全然ハンサムではなかったことにショックを受けたものでした。

　もちろん、その当時はアパルトヘイトという言葉やその

意味、背景さえも知らなかったことから、その男性がなぜ迫害から必死で逃げていたのかという理由もわかりませんでした。

けれども、大人になってアメリカに来ていろいろと調べるうちに、その男性の境遇なども理解できたのです。

それは、ほんの一瞬の強烈な出来事でしたが、そんな体験がその後渡米して現在まで10年以上にわたって、黒人たちの芸術を通して、彼らの地位向上のために活動をするきっかけにもなったのです。

ネイティブ・アメリカンの若頭としての人生

またある時は、ネイティブ・アメリカンの若頭の男性の人生の時空間へと飛び込みました。

これも、いつものように夕飯を食べていた時に起きたのですが、この時は私がネイティブ・アメリカンのある部族の若頭の男性になっていました。

　今回は、前回のアパルトヘイトの時代の男性と違いとても美男子だったので、後で戻ってきた時、自分でも気分が良かったのを憶えています。

　さて、このネイティブ・アメリカンの男性の人生も、かなり苦難の人生だったようです。

　というのも、当時は北アメリカ大陸にヨーロッパ系白人たちがやってきて植民地化をはじめた時代だったことから、もともとの先住民だったネイティブ・アメリカンたちは土地を奪われる戦いの中で大量虐殺されていたからです。

　そんな運命の中、部族の若頭だった私は、戦（いくさ）に出ている自分の部族たちの指揮を執るリーダー的立場にありました。

　私は狼（おおかみ）12頭と自分の部族を従えて戦略を練り、戦に臨んでいました。

小高い岩の上から白人たちの攻めてくる様子を見ながら、狼たちに指令を下している私がいました。

　その時、私の部族はすでにほとんどが殺されてしまっており、残っているのは、ほぼ私と狼のみだったのです。

　動物とコミュニケーションをとることは信じられないかもしれませんが、ネイティブ・アメリカンの若頭だった私にとって狼はかけがえのないパートナーであり、魂の家族であり、一緒に戦える優秀なソルジャーでもある同志だったのです。

　これもまた、私がまだ小さくてネイティブ・アメリカンなどという言葉さえ知らない頃の体験です。

中世の魔女としての
隠遁生活

　次に飛び込んだ先は、中世のヨーロッパの魔女の人生でした。

　私は、屋根裏部屋に隠れながら生活している魔女で、薬を作っては多くの人々を助ける生活をしていました。薬は自分の目の前にある緑の炎（緑のエネルギー体）から得た情報をもとに、緑のエネルギー体とコミュニケーションを取りながら薬の調合を行っており、私の薬はとても効果があったようです。

　ありがたいことに、私の薬は多くの人の治癒につながっていたのですが、それが人々の間で噂になると、逆に私は権力側から迫害される立場になり、処刑の対象になってしまいました。

　そのような危険な状況の中でも、私は隠遁生活をしながら薬の調合に励んでいる、という日々を送っていたようで

す。

　そんな魔女の時代の影響が小学生時代にはすでに出ていました。

　私は理科の実験が大好きで、小学生の頃から自分の顕微鏡を持ち酵母菌やその他の菌について研究をしていました。

　小学校5年生の夏休みの研究は、カビをテーマに研究したこともあります。

　他にも今思えば、小学校1年生の時の絵の授業では、フリーエネルギーの装置や、その装置から出てくる有機野菜の人参など、また、空気を浄化する装置なども描いたりしていました。

　今の時代なら、フリーエネルギーもオーガニックの野菜も学校では受け入れてもらえるかもしれませんが、当時の担任は、お堅いロボットのような先生だったので、そんな絵も悲しいことに一度も評価されたことはありませんでした。

なにもない
「無」の世界へ

さて、時空を飛び交っていた話に戻りましょう。

時には、「無」の世界に飛び込むこともありました。

これも、小学生の夕飯時に起きたものです。

いつものように、突如、ある別の時空間にパッと飛び込む感覚がやってくるのですが、その時はその瞬間、何もない無の世界へ飛び込むことになりました。

その時の私は、まだ子どもで人生経験は短いものの、これまで味わったことのないくらいの恍惚感とエクスタシーを味わったのです。

それは、この3次元世界では味わえない感覚であり、その世界にある色や質などのすべての感覚や感触が地球には存在しないものであり、特に色はこの世のものとは思えないほどの鮮やかさで極上の色をしていたのを憶えていま

す。

　そこには時間はなく、あるのは永遠の感覚だけ。

　私はそこにいながら"永遠"という長い時間を味わって
いたのですが、こちらの世界に戻ってくると、地球の感覚
や時間ではほんの一瞬の出来事なのです。

　そして、私にはそれが「空」であり「無」の世界である
ということも小学生なりになんとなくわかったのです。

　これは、確か小学3年生の時の出来事だったのですが、
当時、学校生活や家庭環境など現実の世界では生きるのが
つらいことが多かったために、この時の一瞬の「空」の世
界はあまりにも美しく忘れ難かったので、以降はその時の
感覚を何度も思い出しながら過ごすことになりました。

　こんなふうに、パラレルリアリティは無限に存在してい
ます。

　他にも、小学生時代の夕食時には紀元前の中南米の高
僧、インドの聖者などさまざまなパラレルリアリティ（前

世）を体験したこともありました。

周囲の人たちの
スケープゴートになる日々

　こうして、小さい頃から"宇宙人"と呼ばれていた私でしたが、そんな私の子どもの頃の日々は、気づけばいつも周りにいる人（主に両親）の波動を無意識に上げるような毎日を送っていたようです。

　つまり、波動の高い者は、周囲のスケープゴートになりがちなのです。
　これは、波動の高い人が波動の低い周囲の人のネガティブなものを浄化してキレイにするために、無意識にあえて自分の方が悪者になったり、彼らの怒りや憤り、ストレス、悲しみを発散させるための的になったりしてしまう、ということです。

当然ですが、家系的に不必要なエネルギーコードを先祖代々受け継いでいる場合も多く、長く続いている一族出身の人ほど重いものを背負っていたりすることもあります。

　私の家も古くお堅い家柄だったことから、宇宙的な要素の強過ぎる型にはまらない自由な私の存在は異端児だったようです。

　そんな我が家では、私が2歳の頃より両親から"しつけ"と称する家庭内暴力とモラハラが続き、ついに14歳の頃には、全治2週間の軽度の擦り傷を負うこともありました。

　ちなみに、小学5年生の頃などは、クラスの女子たちが一度も親から手をあげられたことなどないと知ってとても驚いたものです。

　日本でも一昔前までは、体罰的なものがしつけとしてまかり通っていましたが、すでに私の世代では体罰などはタブーとされるような時代だったので、我が家はある意味、時代錯誤であり、また、機能不全の家庭だったのです。

その後、結果的に私は10代半ばにして家を出ることになりました。

　実際に、その頃にはすでに家族とは家庭内別居の状態でした。

　ただし、そんな私の状況は学校ではあまり理解されなかったのです。

　家庭内暴力を受けた翌日に、私はゾンビ状態になって友人に支えてもらいながら担任の先生に相談に行ったこともありました。

　けれども私自身、学校では明るくはつらつと過ごしていたせいか、先生に傷を見せても、先生は「そんなことあるわけないよ！」と信じてくれなかったのです。

　私としては最大限にメソメソしているつもりでしたが、先生も私の家がきちんとした家庭であることを知っているからか、ただニコヤカに一蹴されるだけでした。

　その時、波動が違う人とはこんなことも理解し合えないものなんだな、ということも学んだのでした。

　こんなふうに、まだ自立できない子どもの頃は逃げ場も

なく、周囲に対するスケープゴートになることも多かった私ですが、波動の高い人は、えてして他人の未消化な感情や負のエネルギーの掃除機役を演じなければならないこともあるものです。

　そんな私の経験から言えることは、これからの時代はできるだけ同じような波動の人とつながりあって生きていった方がいい、ということです。

　それができれば、傷つくことも少ないからです。

マイナスエネルギーを吸収する「スポンジ人間」になる

　スケープゴートと少し似ていますが、波動が高い人の中には、他人のマイナスエネルギーを吸収しようとするスポンジのような体質の人もいます。

私が小学生の頃は、人類の集合意識に蔓延する欠乏感や恐れ、悲しみ、痛みのようなエネルギーを、自分の涙を通して浄化していたことがありました。

　それは、泣くことを通して行われていました。

　私は大体週に３〜５回くらいの割合で、理由もなくなぜか突然、わんわんと嗚咽するほど泣きはじめることがあり、一旦泣き出すとしばらくの間、泣き続けていたものです。

　大人になって、これまで数えられないくらいの人に会ってきましたが、このような体質の人に１人会ったことがあります。

　それは「泣く」というより、「吐き出す」という行為をする人です。

　ある日、ネイティブ・アメリカンの「スエットロッジ（浄化の儀式）」に参加した際、儀式が終わった後、あるアメリカ人女性の様子に気づきました。

その女性は、テントの中に入っている参加者たちのネガティブなエネルギーをスポンジのように身体に入れてしまったようで、テントから出た後、床を転げ回って苦しそうにゲーゲーとエネルギーを吐き出しているのです。

　もちろん、嘔吐物（おうとぶつ）などは何もないのですが、彼女も波動が高すぎるためにそのような働きをしてしまったようです。

　私も今となっては涙を流し嗚咽することなどはほとんどありませんが、身体の中に周囲の人から取り入れた不要なエネルギーを浄化して胃から吐き出す、というような現象はたまに起きることがあります。

つらい過去を超えて、今は感謝でいっぱい

　さて、ここまでお伝えしてきたように、幼少期から感受

51

性が強く、繊細で生きるか死ぬかのサバイバルな幼少期時代を送ってきた私は、死後の世界についても人一倍幼い頃から考えていました。

　小学1年生の頃、夜眠る際には「自分の死後は、一体どうなってしまうのだろう？」と考えると涙で枕を濡らしていたものですが、その頃からなぜか「なんとなく死にたい……」と思うようになってしまいました。

　そしてついに、小学3〜4年生の頃になると、毎日登下校中に死ぬことばかりを考えていました。
　その当時、夜中にはナイフを手にして、「どうやったら死ねるだろう」と刃物を身体に押し当てたり、自宅の上の階から「ここから飛び降りたら死ねるのかな」などと考えたりしたこともあります。
　けれども、やはり痛いのは無理だし、飛び降りるのも怖いものです。

　また、もし私が死んでしまったら、家族の中だと繊細で神々しい波動を放っていた母方の祖母は悲しむかな、など

と考えると悲しくなって、死ぬことまでは実行に移せませんでした。

　もちろん今となっては、あの時、死ななくてよかったと思っています。

　やはり、現在は自分の活動を通して大変生きがいを感じているからです。

　特に、精神科医に長年通い安定剤を飲んでいたクライアントさんが「薬も病院通いもやめることができました！」とうれしい報告をしてくれたり、不眠に悩んでいた方が「入眠剤が要らなくなりました！」などと心身ともに元気になったことを伝えてくれたりすると、私自身も幸せな気持ちになり、充足感を感じるからです。

　以上のように、子ども時代は家庭内でスケープゴートの役割を担った部分もありましたが、もちろん、いい出会いもたくさんあったのです。

　人生を達観しながら楽しく毎日を生きている大人たちとは、宇宙的な感性が爆発したような私とは波動も合い、そんな大人たちからはとても可愛がられて育ち、幸せなこと

もたくさんありました。

　そういう意味において、生まれてから大人になるまで完璧な環境ではなかったものの、この社会できちんと生かされてきたことを心から感謝しています。

　家族とはいろいろと衝突もありましたが、考えてみれば、金銭的にも安定した生活や質の高い教育などを一生懸命私に提供してくれたこと、そして、何よりも私という命を授けてくれたことには、今でも感謝してやみません。

第3章

私とつながる
「シリウス意識」
について

人間を最も
理解しているのが
シリウス意識

　これまでお話ししてきたように、幼い頃から見えない世界や異次元とつながることが常だった私は、数多くの存在たちとつながり、コミュニケーションしてきました。

　たとえば、宇宙人たちだけでなくイルカやクジラ、ご先祖様、サスクワッチ（ビッグフットとしても知られる幻の存在）やココペリ（ネイティブ・アメリカンのホピ族の精霊）など。

　そんな、さまざまな高次元の存在たちと交流のある私ですが、現在、クライアントとのワークや公開セッションなどの際は、いつもシリウス意識とつながり、シリウス文明からの情報と彼らの無条件の愛のエネルギーを届けています。

では、なぜシリウス意識なのでしょうか？

　それには理由があります。

　まず、シリウスはこの宇宙にあるどの文明よりも最も地球人の感情的な側面や思考パターンも含めて理解している人間により近い存在であり、人間に最も寄り添ってくれる存在でもあるからです。

　実際に、シリウス文明を由来とするものと思われる古代の遺跡が世界各地にたくさん残されています。

　たとえば、エジプトではシリウス文明に関係していると思われる出土品や壁画がたくさん発見されている他、南米、北米、アフリカ、オーストラリアなどをはじめ、現地では現在も継承されている文化や風習の中にはシリウス文明との交流を示す形跡がたくさん残されています。

　特に、西アフリカのマリ共和国のドゴン族は、天文学の知識に秀でており、シリウス神話を継承してきた民族としても知られています。

── 第3章 ──
私とつながる
「シリウス意識」について

私が初めてシリウス意識につながったのは十数年前のことですが、数多くの宇宙の存在たちともつながる中で、個人的にもシリウス意識とコンタクトすることはとても自分にも合っているということも挙げられます。

　基本的にはシリウス意識は、1人のエンティティ（存在）というわけではないので、個人のキャラクターやパーソナリティーがあるわけではなく、シリウスの集合意識のようなものです。
　ですので、クライアントさんとの一問一答はシリウス人が全員で1つになって答えているような感じです。

　そして、その意識は、私たち人間に無条件の愛を与えてくれるやさしさがありながらも、その愛はいわゆる"自立を促す愛"そのものです。
　つまり、私たち人間が他力本願にならず、自分で自立して自分自身に力があることを教えてくれるのです。

　シリウス意識は、手取り足取りすべての答えを丁寧に提供してくれるのではなく、質問に対してヒントのみを与え

ることで、私たちに自分で考え、答えを見つけられるよう
に導いてくれるのです。

　そして、私たちがより高い波動のもとで生きられるよう
にとサポートしてくれるのです。

　第6章では、そんなシリウス意識のガイダンスの様子を
クライアントさんたちとのQ&Aのセクションでご紹介し
ていますので、ぜひ、あなたもシリウス意識の厳しくも愛
にあふれた導きをご自身に当てはめながら読んでみてくだ
さい。

第 **4** 章

すべての鍵は
周波数

〜難しいメソッドは
要らない！〜

波動の高い人と
低い人が一緒になると
不協和音が起きる

　周波数の高い人と低い人が一緒になると、いろいろと問題が発生します。

　波動の高い人は波動の低い人に合わせてエネルギーを下げないことから、波動の低い人は、波動の高い人と一緒にいると、何かにつけて怒りや憤り悲しみを感じるなど感情的になり、自分でもコントロールできないようなネガティブな感情が噴出してきます。

　ただしその結果、必然的に波動の低い人自身は内観することになるので、やがて、ゆるやかに自分の波動を上げていく場合もあれば、自分自身と向き合うことを拒否し続けることで、波動の低いままでいる場合もあります。

これは、単純に物理的な法則であり、それゆえに、エネルギーの高い人は奇跡と呼ばれるような運の良いことも経験しやすいのですが、時には、お互いの波動が違い過ぎるために、人間の感情に起因するトラブルにも巻き込まれることもあるものです。

　波動の低い人は自分のことを客観視できれば、自分で自分をケアできることから低い波動は上下しながらもゆるやかに上がっていくわけですが、そうではない人が、まだまだ多いのが現状でしょう。

　とにかく、周波数のエネルギーが合わない同士だと意思疎通ができないことが多いのです。

　特に、あまりに重苦しいエネルギーの回路の癖ができている人や、自己完結（自分で自分のご機嫌を取れるような人）ができない人は、波動の高い人に合わせるために自身の波動を上げる必要があり、自己と向き合わざるをえないことから、常にお互いの間で不協和音が続いてしまうのです。

基本的に波動の高い人は、どんな攻撃や嫉妬や執着、感情的なドラマにもなびかないような心の軽さを持ってはいるのですが、波動の低い相手は長年のネガティブな思考の癖を全開にして臨んできます。

　そして、その相手も思考の癖に自分自身で気がつけるようだったら、すでにずっと前にその癖を変えられていたはずなのに、それができていないからそうなってしまうのです。

　だから、波動の低い人は波動の高い人と出会うことで自分に向き合い、波動を少しずつ上げていくのです。

　時には、波動の高い人に向かって集中放火とも呼べるような感情の噴出もありますが、そんなことさえもお互いの波動の違いが起こすことであり、これが地球における人間関係の在り方でもあるのです。

波動が上がると
好転反応が起きることも

　また、波動の低い人が波動を上げていく際には、好転反応のようなものが見られることがあります。

　ここで1つのケースをご紹介しておきましょう。
　私のクライアントさんで、アメリカのフロリダ州に住むAさんという女性がいました。
　彼女は、長年フロリダに住みながら、日常生活に疲弊し生きることに喜びを見出せない日々が続いていました。夫婦関係においても、彼女の夫とは長い間別居状態が続くほど2人の仲は冷え切っていたようです。

　そこで、私のシリウスのエネルギー調整を受けることになりました。
　まず、最初のセッションでエネルギー調整を受けた後、彼女は突然、原因不明の不調で倒れて仕事に行けなくなっ

てしまいました。

　そこで、彼女は初めてこれまでの生活を改めることになり、今までの生き方はここで一旦強制終了させられたのです。

　ただし、これがポジティブな生き方へ向かうきっかけとなったのです。

　つまり、シリウスのエネルギー調整を受けたことで、自分自身の人生や生活を見つめ直さないといけなくなる事態が起きたのです。

　これも1つの好転反応であり、自身の波動が上がったことによって自分自身と直面する機会を得たわけです。

　その後、2年ぶりに彼女と再会する機会がありました。すると、かつてのつらい日々に疲弊して疲れた姿をしていた彼女とはまったく違う、生まれ変わったようにイキイキとした彼女が私の目の前にいました。

　今では彼女は自然の多い場所に転居してストレスフリーの毎日を送り、仲が悪かったご主人とも適度な距離を取る

ことで逆に良好な関係が築けるようになっており、仕事に
も楽しくやりがいを感じながら臨めているとのことでし
た。

　これは、周波数が低かった人が高い波動に変化していっ
たという１つの良い例ですが、基本的にもともと波動が高
い人たちはセッションに来られてもそこまで激しい好転反
応はありません。
　波動の高い人たちがセッションを受けると、自分自身で
きちんとその内容を理解して納得したり、また、セッショ
ン自体が新しいことにチャレンジするためのGOサインや
一種の起爆剤になったりするようです。

　さらには、波動の高い人たちは「今の自分で合っている
んだね！」というような確証のようなものを感じるため
に、私のもとに来てくださるようです。

解消しないといけない
カルマなどない!?

　私たち人間にとって、過去の行為が未来の行為に影響を
もたらす「業」や「因果応報」のような考え方である"カ
ルマ"も、実は錯覚の1つなのかもしれません。

　なぜなら、生まれてきたばかりのピカピカの赤ちゃん
に、何か解消しないといけない重たいカルマがあると思え
ますか？
　思えませんよね。

　赤ちゃんの頃は、誰でも今という瞬間に完全に生きてい
て、欠乏感や不足感を感じず幸せな存在だったはずです。
　基本的に、あなたは過去や未来のパラレルリアリティが
今の自分に影響することを自分自身で許可をしない限り、
それらは影響しないのです。
　だから、本来であればカルマなどありません。

けれども、成長過程の中で無意識に集合意識に同意する時間軸にコミットしてしまうことから、いわゆる業やカルマ、また、心が痛む悲劇のような出来事に遭遇してしまうこともあるかもしれません。

　ただし、もしあなたがカルマを信じて因果の解消などを行い、その効果を感じているのなら、それは、あなたが直面している悩みなどから気を逸らすことで、「完全に今に生きること」ができていたり、「高次元のエネルギーに同調」できていたりするからだと言うこともできるのです。
　やはり、人は今に生きることで自分にとって好ましい現実の方にシフトできるわけですから。

　つまり、念仏やアファメーションである「○○を何万回唱える」なども同じことであり、また「信じる人は救われる」というような考え方も同じです。
　スピリチュアルの教えには、たとえば「これは、太古の宇宙の音を言語化したものであり、この音に高い波動が込められているから、これを口に出して唱えると良い」などという教えなどもあります。

そこで、このようなすばらしい宇宙からの叡智（えいち）を自分の
ものにしなければならない、と思われるかもしれません
が、こういったことも、義務的になり自分の具合が悪くな
るまでやらなければならないというものでもないのです。

　ただ、自分の好きなことを気持ちよくやるようにしてく
ださい。
　とにかく、あなたがこの瞬間に好きなことをやって幸せ
な気分になり、今という瞬間をハッピーに生きていればそ
れでいいのです。

　さまざまなメソッドが世の中にはあふれていますが、そ
れらは単なるツールの1つです。
　だから、あなたの好きなことや、ハイヤーセルフの導き
で直感を通してピンとくることだけをどんどん行動に移し
てほしいのです。

　その上で、今という瞬間に生きられるようになると、不
安や心配、悩み癖などを手放すことができるでしょう。
　1人でも多くの人がこのような状態に至ることができれ

ば、それがまた波紋のように無限のリアリティに影響して
いくでしょう。

不眠症（インソムニア）も
存在しない!?

　多くの現代人の中には、不眠症（インソムニア）に悩む
人も多いものです。
　しかし、不眠症なども実は存在しないのです。

　しばらく前に、ペルーのジャングルのシャーマンに会い
に行った際、彼のもとには世界中から彼に縁がある大勢の
人々が集まっていたのですが、そこでコロラド州からきた
ある1人のアメリカ人女性と知り合うことになりました。

　そんな彼女が「不眠症に悩まされていて、夜眠れない。
どうすればいいかしら？」と私に相談してきました。

不眠症と言いますが、実はそもそも人間の身体は本来、深夜2時〜5時くらいが最も活動的であり、昼の2時くらいに最も眠くなる、という説もあるくらいです。

　たとえば、スペインなどでは「シエスタ」と呼び、午後に長めの休憩を入れて昼寝や気分転換をして仕事の効率化を図るシステムなどもあります。

　そんなことを伝えると、彼女は「そうなの。私の頭が最も冴えているのは深夜の2時から早朝の5時くらいなの！」とうれしそうに言っていました。

　ストレスの多い現代社会では、夜、眠れなくて心療内科などを受診する人も多いのですが、人は波動が高くなると深夜の2時から早朝の5時くらいにかけて高次元から多くの情報を受け取ったり、また、人間ではない生命体とのコンタクトなどもわかりやすい形で受け取ったりするものです。

　この彼女のケースも、眠れなくなったのは、昨今アメリカでムーブメントとなっている「アウェイクニング（目覚

め）」というあるメソッドを学びはじめたことがきっかけ
だったようです。

　睡眠時間やベッドにつくタイミングなどは、人間社会の
常識が勝手につくりあげているだけなので、眠りたい時に
眠る、ということで大丈夫なのです。

　これも、「好きなことを好きなようにやろう！」という
ことと同じですね。

　すべての答えは、あなたの中にあるわけなので、あなた
の心と身体の声に従って寝たい時に眠り、起きたい時に起
きましょう。

どんなメソッドも
効果がなかった私

　すでにお伝えしたように、幼少期から見えない世界や異
次元との遭遇がひんぱんにあり、それらをまだ受け止めき

れなかった私は、子どもの頃から人生をかけてあらゆるメソッドを試してきました。

「○○を何万回唱える」などからはじまり、家の仏壇を朝晩拝むこと、書き出しのワーク、タッピング（身体をトントンと優しく叩くセラピー）、催眠療法、精神科医にかかる、潜在意識を書き換える、感情を感じ切り怒りや悲しみを出すワーク、そしてトラウマの再体験などなど。

　他にも、ハートチャクラを癒やすワークやクンダリーニ覚醒、眼球運動による過去の追体験、宇宙人をチャネリングする人のアシスタントなどにも携わりました。

　それでも、それらのワークに邁進（まいしん）して、世界で名だたるあらゆるメソッドにトライしたとしても、たまにふとした拍子に「死にたい」という思いが、数年に1度くらいの割合で無意識にこみ上げてきていたのです。

　なぜ、これほどまでに試したメソッドに効果がないの？
　その時、私はとても重要なことに気がつくことになった

のです。

スピリチュアルリーダーや自己啓発系インフルエンサーの周波数が高いわけではない

　それは、あなたが師事するスピリチュアルの世界のティーチャーやインストラクター、グルと呼ばれるような著名な人たちの周波数が必ずしも高いというわけではない、ということです。

　私たちは、もともと波動が高い純粋な生命体として生まれてきています。
　だからこそ、この人間社会に自分を無理やり合わせようとすればするほど、病気や何かしら心身の不調が出てきて

しまうものなのです（もちろん例外の人もいますが）。

そんな、もともと波動の高い私たちにとって、ステップごとに分けられたスピリチュアルの学びのメソッドなどは学校教育を頑張ってきたタイプの人ならまだ効果があるかもしれません。

そんなタイプは、一瞬で自分を変えるというよりも、時間という概念に同意した少しずつ進めるワークの方が心地よかったりするものなので、より、取り組みやすいのかもしれません。

しかし、スピリチュアルの能力を小さい頃から開花させているようなタイプや、もともと時間軸が曖昧で、たとえば子どもの頃からUFOを見たり宇宙人に遭遇したり、テレポーテーションをしたりなど異次元体験があるような繊細なタイプは、このような型にはまった学習型のメソッドに従おうとすると症状が良くなるどころか、どんどん負のスパイラルにハマっていくのです。

他にも、テレパシー体質、霊媒体質、幽体離脱体験者、エネルギーや粒子が見える人、虫の知らせがあったりする

ような人、他人の考えがなんとなくわかる人、未来が予知できる人、オーラが見える人、高いキーンとした音が聞こえる人、ADHD気質の人なども同様です。

そして、そんな人たちは、「自分のどこがおかしいのだろう？」という答えを見つけるために、さらにいろいろなメソッドを試してみたり、精神科医のドアを叩いたりして、もっとボロボロになっていってしまうのです。

こんなふうに、無駄なエネルギーを費やしている人がどれだけ多いでしょうか。

もう、自分は完璧な存在だったのだと思い出し、何も必要としなくてもよいのではないでしょうか？

そう、あなたはすでに完璧な存在なのです。

そして、あなたのスピリチュアル・ティーチャーや自己啓発系インフルエンサーがあなたより周波数が高いとは限らないのです。

問題を解決
しようとするな！

　少し前に南米のペルーを旅してきたのですが、そこで
「アヤワスカ体験」をしました。

　アヤワスカの儀式とは、古代よりアマゾンで伝統的に治
癒目的などに用いられてきた、精神に作用する植物のお茶
を飲んでセレモニーを行う儀式のことです。

　今回私も、30年以上アヤワスカの儀式を行っているベ
テランのシャーマンのもとで儀式に参加しましたが、その
際にシャーマンに言われた注意事項が「儀式の最中には、
絶対に自分の抱えている問題のことを考えるな！」という
ことでした。

　その場所に集まった人のほとんどは、トラウマを抱えて
いてそれを克服したいという人がほとんどなので、参加者
たちは皆キョトンとしていました。

　しかし、シャーマンからの教えは、自身の過去のトラウ

マや中毒症状などをはじめ、抱えている問題を儀式の最中に解決しようとするのではない。

また、「過去を思い出すこともするな！」ということでした。

まさにこの私も南米のジャングルのシャーマンも同じ考え方をすることから、シャーマンからお墨付きをもらえたような気分になりました。

さて、現地にはドラッグ中毒者や統合失調症と診断されている人（実際は繊細なセンサーを持っているだけというケースが多い）、また、自殺未遂者をはじめ重度な精神的疾患を抱えている人が集まっていました。

しかし、儀式では、そんな彼らを変容させるために、多くの人が大好きなお涙頂戴型の感情の慰め合いや泣きながらの告白、懺悔（ざんげ）のワークなどは一切ありませんでした。

また、誰かの抱えている悩みにフォーカスを当てて問題を話し合ったり、アドバイスをしたりするようなことも皆無でした。

何しろ、シャーマンも含めて誰も大した自己紹介すらないのですから。

　この世界に馴染めずにドラッグ中毒になっている人や精神疾患のある人はもともと波動が高く、そんな人たちに向けたリハビリやセッションで、過去のつらかった話を延々とするというのは、なんとも時間とエネルギーの無駄でしかありません！

　過去のトラウマのせいで、今という喜びの瞬間を台無しにするのはもったいないです。
　誰も、あなたを変えてくれません。
　あなたしか、あなたを変えられないのです！

　だからどうか、自分の過去の奴隷にならないでください。
　ジャングルの中での儀式に限らず、大自然の植物にヒーリングのパワーがあるのなら、私たちはその植物の持っている高い波動に触れて自分たちの周波数を変容させていけばいいのです。

これは私の愛用している「CBD オイル」も同様で、麻も宇宙からやってきた高い波動の植物といわれています。

　私も日本のクライアントさんたちに愛用する CBD を紹介してきましたが、使用された皆さんからは、奇跡的な症状回復や自己変容のお便りが後を絶ちません。

第 **5** 章
エネルギーの
回路を変えて
瞬間移動する

古い観念を捨てて、エネルギーの回路を変えるワーク

　では、ここから不必要な観念のエネルギーの回路、不必要な思いグセを変えていきましょう！

　その方法も、あまりにシンプルでカンタンです。

　けれども、これまでたくさん考えるのが当たり前だった人や3次元的な地球の時間軸にコミットしている人、学校教育を頑張ってきた人、変わりたいけれど時間をかけてゆっくりと変化した方が安心だと思う人には、逆に難しく感じるかもしれません。

　宇宙はシンプルです。

　だから、まずは、何かと物事を複雑にしてしまう癖を手放しましょう。

　皆さんは、ただ生きているだけで価値があり、一人ひとりとても大切な存在です。

さらに、私たちはもともと大いなるパワーを秘めた存在でもあるのです。

　さあそれでは、はじめてみましょう。

　まず、ご自身が長年抱えてきた無意識の癖に気がついていく必要があります。

　私も、これを自分自身で行うことによって変わることができました。

　私自身も、実際にこれまで数多くのメソッドを試してきました。

　しかし、それらのどの方法を試しても何も効果がなかっただけでなく、時にはそれらのワークを行いながらも、時には「死にたい」というような思いさえ頭をよぎることもあったのですが、今はもうすっかりそんなこともなくなりました。

　だからあなたも、たとえそんな"ぶり返し"があったとしても、今からお伝えすることは本当にシンプルなのでラクな気持ちで行ってみてください。

つらいときだって、笑い飛ばしながらやってみてください。

　何より結果も早いし疲れないのが大きなメリットです。

　特に波動の高い人は、「一瞬で変容しないとさらに疲れてしまう」という傾向があることを忘れないでください。

①その瞬間瞬間に出てくる不必要な観念や無意識の思考の癖に自分自身で気づく

　まず何よりも、無意識の癖は無意識に行ってしまうものなので、ほとんどの人がここの部分には気づくことが難しいでしょう。

　意識しないようにしようとすればするほど、いつもの癖で、不必要な観念が出てくるものなので、次のような感じで気づいていきましょう。

　たとえば、不必要な観念に気づいた際も、「あ〜！　また○○のことを考えてしまった！」とか、「わ〜。私ったら、本当に同じことを考えるのが好きだよね〜」「俺ってすごいな、相当同じことを繰り返し考えるのが好きなんだ

ね〜！」みたいな自分を責めないような感じで気づくようにするのがポイントです。

②その瞬間に、しっかりと境界線を引く

　自分の不必要な観念や思いグセが出てきたら、「もう、これはいらない！」と声に出して宣言したり、頭の中で唱えたりして排除していきましょう。
　あなたの中で、それらの不必要な観念や思いグセに毎回しっかりと境界線を引き、ゴミ箱に捨てるようなイメージをしていきます。

③取り入れたい新しい観念の
　エネルギー回路をつくり味わう

　次に、深呼吸をしながら新しく取り入れた観念のエネルギーを全身で感じながら、自分の身体の周囲のオーラの層にも、その新しいエネルギーを届けるようなイメージをし

てみましょう。

　さあ、新しいエネルギーの回路は、どんな感じですか？
　目を閉じて、今、この瞬間を思いきり味わってみましょう。
　今というこの瞬間に最高の幸福感、豊かさ、うきうきするようなうれしい感覚を味わってみてください。
　最初のうちは実際に声に出して、「あ〜幸せだな〜。楽しいなぁ〜」「豊かだな〜」「心地いいな〜」などとうっとりしながら言ってみるのもいいでしょう。

　その際、たとえそれらを感じている時に、あなたの外側でどんなに不快なことや悲劇的なことが起きていたとしても心を揺らさず、今の“この瞬間”の新しいエネルギーをただ感じてみてください。

　慣れてくると、たとえば、「死にたい」などというマイナスの思いが湧いてきたとしても、その不必要な観念に気づいた瞬間に「もう要らない、ポイッ！」と捨てるのと同時に、「あ〜、今この瞬間の私は満たされていて、なんて

幸せなんだろう！」と1秒もかからずに全身でうっとりと感じられるようになるはずです。

このステップを習慣づけると、毎日どんな時も心地よく過ごせるようになってきます。

古い観念が消え去るまで2～3年間は行う

前項の3つのステップを行ってみて、いかがでしたか？

でも、それでもまだ、悩みに囚われてしまうこともあるでしょう。

やはり、意思の力だけではどうにもならないから、この世界には悩みが絶えずあるわけですよね？

だから、前項の①～③がすぐにマスターできなくても自分を責めないでください。

そんなときは、「できなくて、当たり前！」くらいに思っていただいても OK です。
　できなくても、落ち込まないでくださいね。

　ただし、あきらめないことが大切です。
　できないことが続いても、自分にとって不必要な観念や思考の癖に気づいた瞬間にとにかく毎回やってみるのです。

　これまであなたは習慣化した思考を何十年も続けてきていたのであれば、目には見えない無意識のエネルギーや思考の回路はだいぶ太くなっているはずです。

　通常、①〜③を行ったすぐ後は、心のざわつきが消えて平穏を感じるものですが、しばらくすると再び、これまでと似たような心のザワザワが無意識に出てくるものです。
　これは、古い思考のパターンの"残りカス"のようなものですから、一切気にせずに淡々と練習してください。

　この練習を最低2〜3年間は意識しながら続けてみま

しょう。

　2〜3年と聞くと「そんなにも長く!?」と思う人もいるでしょう。

　もちろん、人によってはたったの数回でこれまでの古い観念や思考をクリアにして完全に今に生きることができる人もいます。

　でも、何十年分の残りカスをすべてキレイに捨てるには時間がかかって当然なのです。

変わる自分を期待しない

　さらには、「これで変われるんだ」という期待もしないことです。

　また、「何かが不足している。だから欲しい」という観念も出てきたらクリアにするようにしてください。

　①〜③のステップを行うときに、「これさえやれば人生

が変わるんだ」などと期待して頑張っても、何も変わらないでしょう。

　というのも、「変化」というのは、徐々に変わるものではなく、瞬間的にすでにもう存在している別のあなたにとって好ましい世界に移動するだけなのです。

　ですから、すでにより好ましい世界に移行して生きているあなたは、その世界ではかつて不必要なエネルギーの回路があったことさえ忘れているのです。

　いつ自分がそこに移行したのかも、思い出せません。
　それは、あまりに自然に起きることなので、変化する前の自分自身のことを、わざわざ思い出そうと意識しない限り思い出さないでしょう。

それでもダメな人へ
——究極の対策とは

　それでも、あまりに強烈なエネルギーの回路ができあがっていて、①～③ができない方もいるでしょう。

　たとえば、何か発作のように同じ思考が常に出てきてしまい、パニックになってしまうような状態になる場合もあるでしょう。

　また、呪縛のように同じ思考が延々と頭の中で鳴り響いてしまう場合も、冷静に①～③ができないはずです。

　そのような人たちは、あらかじめ自分の好きなこと、ほっとすること、リラックスしてくつろげるようなことのリストを100～500個ほど作っておきましょう。

　そうすることによって、感情的になった瞬間に思考を使わずに目で見て、そのリストから1つを選んで、それを行動に移すのです。

　そして、その充足感のエネルギーを感じてオーラの層ま

で届けてみましょう。

　コツはとにかく思考を使わず、淡々と冷静に練習してみるということです。

　再度お伝えしますが、何十年も強烈な太いエネルギーの回路ができているからできなくて当たり前。

　できなくても、自分を責めない、というポリシーで頑張りすぎずに必ず数年続けてみてください。

　また、「これで変われるんだ！」と執着もしないでください。

　そうすれば、いつか忘れた頃に自分にとっての好ましい現実にシフトしているはずです。

　とにかく、外側で何が起きようとも自分なりに幸福感、満たされている感覚を毎瞬感じるように心がけましょう。

周波数が変われば、
シェイプシフトも可能⁉

　それではここで、周波数が高いとこんなことも可能、という例をご紹介しておきましょう。

　それは、かつてのネイティブ・アメリカンたちはシェイプシフト（姿形を別の存在に変えること）も可能だったということです。

　いい伝えによると、200年くらい前まで、ネイティブ・アメリカンのある部族では人間から鹿に姿を変えることができる技法があったとされています。

　今から200年前にはこのシェイプシフトの技術を伝授されていた2人が、北米大陸の広大な大地を鹿に姿を変えて、さっそうと駆け抜けていたそうです。

　そんな技法が可能なのも、周波数のなせる業なのです。

　周波数を高く保ち、常に最高の気分で生きていれば、こ

んなふうにネイティブ・アメリカンがやっていたような術のようなことも可能になるのです。

　また、日常生活の中ではこんなことも起きたりします。
　これは私の体験ですが、ある日、自宅で家具を自分で組み立てていた際に、部品のパーツを取り間違えて家具を組み立ててしまったのです。
　間違えた箇所は、もう取り外せないくらい固く金具をきっちりとはめてしまっていたことに気づき、困ってしまいました。
　なぜなら、簡単にとりはずせるような金具ではなかったからです。
　そこで、手伝ってくれていた友人となんとかできないかと、家具の取り扱い説明書を読んでいた時にそれは起きたのです。

　なんと、いつの間にか、ふと家具に目をやると、きっちりはまっていた10個くらいの金具がすべて取り外されて、床の上にきれいに一列に置かれていたのです。
　私だけでなく、その時に一緒にいた友人も腰を抜かすく

らい驚いてしまいました。

　こんな摩訶不思議なことも、周波数が上がれば普通に起きてくるのです。

　では、どのようにしたら、周波数を上げられるでしょうか。

　その鍵になるヒントとして、嫌なことやトラウマを感じている時のあなたと、心地よい瞬間を生きている時のあなたはまったくの別人ということです。

　当然ながら、心地よい瞬間を生きていれば周波数は高く、その反対の状態なら低いことになります。

　常に、周波数のエネルギーはその瞬間瞬間、変化しているものです。

　だから、あなたができる限り毎日幸せに、ありのままの自分で高い波動で生きていただければ、そのハッピーな波動は動植物をはじめ、すべての存在に回り回ってつながっていくのです。

　そのことをぜひ、覚えておいてほしいと思います。

第 6 章

シリウス意識から魂のガイダンス

〜あなたの悩みに
高次元からお答えします〜

いつも寄り添ってくれているシリウス意識

　シリウス意識は、人間たちに対して時に冷静で、時に寄り添いながら人類としての進化を見守ってくれています。

　私が定期的に行っている「宇宙叡智イベント」では、イベントに参加していただいた皆さんからの質問を受け付けており、シリウス意識とのやりとりの中で直接回答してもらうというコーナーを設けています。

　ここでは、その中から幾つかの質問をご紹介したいと思います。

　シリウス意識は、基本的には「その人が自分自身でベストな回答を見つけられるように」というスタイルでサポートを行っています。

　きっと幾つかの質問とその回答の中には、あなた自身の質問や悩み、そして、知りたかったことも含まれているは

ずなので、ぜひ、自分自身に置き換えながらシリウス意識からのヒントを受け取ってみてください。

Q1. 不登校の息子をどうしたらいい？

質問者A —— 不登校になった私の息子の将来について悩んでいるのですが、中学生の息子が学校に行かなくなって3か月経ちます。学校の先生やママ友たちなど周囲に相談すればするほど、いろいろな意見があるので迷ってしまい、どうすればいいのか悩んでいます。絵と音楽が好きな息子なので、なんとか学校に行ってもらいたいのですが、アドバイスをいただけますか？（40代　主婦）

A. シリウス意識 —— あなたの質問に対する答えですが、あなたの問題は不登校の息子さんの問題というよりも、あなた自身の問題ではないでしょうか？　もしかして、あなたの悩みグセが本当の原因ではないですか？　自分の悩みや迷いなどにフォーカスすればするほど、よりネ

ガティブな部分が大きくなり、そこに囚われてしまうのです。息子さんが不登校といっても、今のところはまだ3か月ですね。しばらく、そっと息子さんのことを長い目で見守ってあげてはどうでしょうか。それに、どうして学校に行かなくてはならないのでしょうか？　子どもによっては、行かないという選択がある子どももいるのかもしれません。それよりも、息子さんのことばかり考えすぎずに、まずは、あなた自身が幸せな状態でいることが大切です。たとえ、彼がどのような状態にあったとしても、あなた自身がいつも心地よくいられるようにしてください。

　そのためにも、まずは、あなたがそのような状態をつくるために、ご自身の生活を確立する必要がありますね。その上で、もし、息子さんが絵や音楽に興味があるのならば、その分野に進むことを応援してあげたらどうですか？絵と音楽を専門に教える学校などを探して行かせてあげるのもいいですね。そのような解決策なども、まずは、あなたが日々、充実しながら楽しく暮らしていることで選択肢なども浮かんでくるはずです。

Q2. タバコを吸う私だけれど　　高次元とつながれる？

質問者B —— 私もKarmaさんのように高次元の存在や宇宙のファミリーとつながりたいのですが、どうすればいいでしょうか？　ちなみに、私はタバコがやめられず、1日に10本くらい吸っているのですが、そんなことが心身に悪い影響を与えて、高次元の存在とつながることをブロックしていたりしますか？（30代　会社員）

A. シリウス意識 —— まず、タバコを吸う・吸わない、ということが宇宙の存在たちとのコンタクトに影響をすることはありません。それよりも、あなた自身が「タバコを吸うことが身体に悪い」と思っているのに、どうしてもタバコを吸ってしまい、そのことに罪悪感を覚えてしまうのなら、そちらの方が問題でしょう。

あなたが罪悪感を覚えるのは、あなたのハイヤーセルフがあなたにタバコをやめるようにとサインを送っているの

かもしれません。もし、タバコをやめたいと思っているのにやめられないのなら、専門のサポートを受けてみるのも1つの方法です。たとえば、専門のクリニックでの治療や、ヒーリングセンターが提供するデトックスプログラムなどに参加をしてみるのもいいでしょう。

　もし、あなたのハイヤーセルフから「タバコをやめた方がいいよ！」という声が届いているのなら、その声を無視せずに、きちんと行動に起こしてみることをおすすめします。そして、実際にタバコをやめた状態での自分のエネルギーを感じてみて、タバコを吸った方がいいのか、吸わない方がいいのか、どちらが最も自分らしくいられるのかを感じてみるのです。その上で、自分らしくいられる方法を選択してください。あなたらしくいられる自分になれると、きっと宇宙のファミリーともつながりやすくなるはずです。

Q3. アトピーの息子に
私のヒーリングは効果がある？

質問者C —— 息子が2年くらい前からアトピーになって、症状が重くなったり、軽くなったりを繰り返しています。苦しんでいる息子を見ているとつらいので、私も息子にレイキなどでヒーリングをしてあげているのですが、果たして効果はあるでしょうか？（40代　主婦）

A. シリウス意識 —— あなたの息子さんは、エネルギーの変化に繊細な方のようですね。まず、質問への回答ですが、息子さんが自分で自分のことをヒーリングしてみるのはどうでしょうか？　また、あなたも息子さんも、もう少し自然の中へでかけて、自然とつながるようにしてみてください。いい気に触れることは大切です。そして、生活の中で日々使用する水もよりクリーンなものに変えることをおすすめします。

あなたが息子さんに施すエネルギー・ヒーリングに関し

てですが、もし、あなたが自分に自信がないのであればやらない方がいいかもしれません。なぜなら、もし、あなたが不安を抱えた状態でヒーリングを行うのなら、息子さんに、その不安なエネルギーをそのまま送ってしまうからです。そうなると、効果はありませんね。もちろん、そのエネルギーを受け取るか受け取らないかは息子さん次第ではあるのですが。

　それに、あなたが焦って「アトピーを治そう」と思えば思うほどに、エネルギーは違う方向へと行ってしまいかねません。息子さんに対してケアをしなければ、と思うほどに、ケアをするという現実が続いていくのです。だからまずは、あなたが自分自身の世界を確立してください。自分の心に耳を傾けて、本当にやりたいことをやってください。日々の生活の中であなたが楽しいこと、好きなことだけをやるのです。そんなあなたのエネルギーが息子さんにも伝わっていくと、あなたの現実、そして息子さんの現実もまた変わっていくはずです。

Q4. 悪い宇宙人と出会わないためには？

質問者D —— 現在、地球にはすでにいろいろな種類の宇宙人たちが来ていることはわかったのですが、悪いタイプの宇宙人と出会ってしまったらどうすればいいでしょうか？　悪い宇宙人と出会わない方法はありますか？（50代　自営業）

A. シリウス意識 —— たしかに、良い宇宙人も悪い宇宙人もいますが、“悪い宇宙人”という部分にフォーカスを当ててしまうと、その部分をより引き付けてしまうことになります。この世界には、ネガティブなものもポジティブなものも同じくらい存在しています。清濁合わせて宇宙なのです。だから、宇宙には大いなる力というものが存在していることを理解した上で、「自分は、何が起ころうと大丈夫！」「私はどんなことにも影響されないんだ」という意識でいることが重要です。

　一人ひとりが偉大なる力を持っていることを知り、「自分の世界には悪い宇宙人というものは存在しない」と思え

ば、悪い宇宙人はいないのです。悪い宇宙人の存在などが語られる際には、そんなことも地球におけるエンターテイメントの1つ、ゴシップの1つとして楽しむくらいの気持ちでいましょう。

Q5. 既婚なのに好きな人ができてしまった！どうすればいい？

質問者E —— 恋愛についての悩みです。私は40代で結婚して約15年、子どもも2人いるのに、他に好きな人ができてしまいました。これまでおだやかな人生を送ってきて、まさか今、このような思いを抱くとは思ってもいませんでした。恋心に感情が乱れてしまい、感情のコントロールできない自分に戸惑っています。どうすればいいでしょうか？　ちなみに、その相手とはまだ友人関係で深い関係ではありません。(40代　会社員)

A. シリウス意識 —— 人間の心理とは面白いもので、同

じパートナーだと時間がたつにつれ、恋愛感情がいつしか湧いてこなくなるものなのです。だから、たとえ既婚者であったとしても、他の人のことを好きになるのは自然なことです。もし、今の状態からお互いの恋愛感情が続くのであれば、数年後にまた考えてみるのはいかがでしょうか。

その時点で、お互いが真剣なら、今のパートナーとの関係を清算することもありえるでしょう。でも、まだ知り合って数か月で相手のこともよく知らない状態なら、話は別かもしれません。やはり、3年後、5年後はどうなるかわからないからです。数年後に、「どうしてこの人のことを好きになったのかしら」と思うかもしれませんよ。どちらにしても今、恋心を抱くことが、あなたの女性ホルモンが活性化するためにも必要だったということです。

それに、「感情が乱れてしまう」と言いますが、胸がドキドキする恋心は楽しいものではないですか？　旦那さんに何年もドキドキし続けるものではないですからね。そういう意味において、恋心を抱く相手が現れたことは、よかったのではないでしょうか。恋をして女性ホルモンが活

性化することで、お肌もツルツルになりますよ。無理やり今の気持ちを消そうとしなくてもいいのです。きっと今のあなたに、恋をして浮かれるような状態が必要だったのです。もちろん、浮気を推奨しているわけではありませんが、相手とまだ友人関係であり、旦那さんがあなたの相手をしてくれず女性ホルモンを刺激してくれないのなら、ステキな人が目の前に現れたら恋に落ちるのは自然なこと。恋をしていない人からすれば、"恋をしている"ということをうらやましいと思う人もいますよ。

あなたは、現実世界の人を好きになりましたが、アイドルに恋をしている人もいますよね。その違いだけです。そのどちらも、その女性は恋をしたり異性から話を聞いてもらったりすることで女性ホルモンを出しているのです。だから、「今、自分は恋をしている」という感覚をぜひ楽しんでほしいと思います。

Q6. これから波動の合わない人とは
離れていくものなの？

質問者F —— 私のある友人との関係についてのこと
をお聞きしたいです。最近、私のある友人との会話の
中で話のつじつまが合わないことが多くなってきまし
た。たとえば、私が言っていないことについて、「あ
なたは、こう言っていた」「あの時、ああ言っていた」
などと言われたりすることがちょくちょく起きるよう
になってきたのです。その友人は、私が確かにそのこ
とについてしゃべったり、行ったりしているらしいの
ですが、私は決してそのことを言ったり、行ったりし
た憶えはありません。

　このような現象について、私が思うに、もしかして
その友人と私のパラレルがずれはじめているのではな
いかと思うのですがいかがでしょうか？　そして、私
たち2人のパラレルが重なったり、重なっていなかっ
たり、というような状態を経て、いつしか、お互いの
いるパラレルが離れてしまう状態になっていくのかな

と思うのです。今後、地球が5次元への移行が進む中で、その友人とだけでなく、いろいろな人とこのようなことが起きていくのでしょうか？（30代　主婦）

A. シリウス意識 —— はい、その通りです。大当たりですね。でもあなたは、そのうち、そんなことを不思議に思ってしまったことさえも忘れてしまうかもしれません。今後、本当に波動の合う人とだけ一緒になる時代が到来すれば、「パラレルが重なる」「パラレルが重ならない」などということさえ、もう意識することはなくなるでしょう。つまり、「かつては、話が合わない人がいたんだ」ということさえ、もう忘れてしまうのです。それも、そのような状態にだんだんと近づいていくというよりも、ある瞬間から、急にそのように変わるというような感覚を覚えるはずです。「だんだん」というのは、あなたがたの地球の集合意識が持っている時間の概念ですからね。とにかく、その日まで、あなたの波動を高く保ちながら、"今"を生きるようにしてください。

Q7. フリーエネルギーの装置を作る方法は？

質問者G ―― 僕は仕事で回路を設計したりしている者ですが、将来はフリーエネルギーの装置を作りたいと思っています。それは子どもの頃からの夢です。そこで、なんとかそのためのアイディアを高次元からダウンロードできないかなと思っているのです。これまで、自分なりのフリーエネルギーの装置の構想もあり、また、ネットなどからの情報もあるので、いつかはシンプルな装置は完成するかもしれません。たとえば、大規模なものではなく、家庭で使えるような装置などは自分でも作れればいいなと思っています。そのためのクリエイティブな発想が降りてくるような訓練などあればいいのですが、何かアドバイスはありますか？（40代　会社員）

A. シリウス意識 ――「フリーエネルギーの装置を作りたい！」と思ったのは子どもの頃からとのことですが、それは何歳くらいのことですか？　あなたが最初にそう思っ

た時のことを思い出してみてください。小さい頃ですか？
それとも高校生くらいですか？　あなたは直感的に、フ
リーエネルギーの装置を作れそうだと思ったのですよね。
実は、その時、あなたはそのための情報をすでに完璧にダ
ウンロードできているのです。だから、あなたがやること
は、その瞬間のことをただ思い出すだけでいいのです。あ
なたは情報をこれから新たに入手するというのではなく、
すでにあなたはそのことを知っているからです。だから、
リラックスした状態で、その時のことを思い出してみてく
ださい。どうか頑張りすぎずに、楽しみながら、フリーエ
ネルギーの装置の創造に取り組んでくださいね。

Q8. ごちゃごちゃと混乱する
思考の鎮め方とは？

質問者H —— 私は、ついついいろいろと考えがちで、
常に思考がごちゃごちゃとしてしまうことに悩んでい
ます。どうすればいいですか？（30代　自営業）

A. シリウス意識 —— まず、我々はあなたに何も教えません。あなたが自分で考えるのをサポートするだけです。つまり、私たちはあなたの霊性の成長を促すためのサポートを行うのみです。なぜなら、すべての回答を教えてしまうと、あなた自身が創造性を発揮できなくなるからです。すべてを伝えるということは、太古から地球にやってきて人類を操ってきたレプティリアンとかアルコンなどと同じになってしまいます。彼らだったら、「皆さん、このように従ってください！」「この場合は、ああしてください」「こうしておけば、後は何も考えなくていいですよ」などと言うはずです。そうなってしまうと、あなた方は創造性が発揮できなくなってしまうし、これまで、そうなってしまった歴史もあったのです。

それに、正直申し上げると、あなたは実際にはごちゃごちゃと考えてなんかいないのです。ただ、ごちゃごちゃと考えていた少し前の自分自身のことを思い出しているだけです。だから、今のあなた自身に自信を持ってください。大丈夫です。たとえば、今という瞬間だけに生きている人、何も考えずにシンプルに生きているような人を見つ

けて、その人の生き方をまるまる真似てみるのも1つの方法です。そんな人たちのことをただただコピーするように真似してみる。彼らのエネルギーを楽しみながら自分も味わってみるのです。そうすれば、きっとあなたも自然と思考に頼らないシンプルな人になれているはずです。

Q9. 私は何星人？

質問者I —— シリウスさんの声を聞いていると、胸にビンビンと響いてくるものがあるのですが、私もシリウス出身でしょうか？（30代　会社員）

A. シリウス意識 —— なぜ、私たちが「あなたはシリウス由来の魂をしていますよ」などと言わないといけないのでしょうか？　あなたの考え、あなたの直感がその「答え」です。ただし、あなたは今、この瞬間については、たくさんの星の存在たちがいる中で、シリウスとつながっているということは確かです。地球の人々は、何かと「私はどこの星の出身です」などというのが好きですよね。で

も、無限に存在するパラレルが変化していけば、それらの答えも変わっていくのです。いろいろな次元にいろいろな存在たちがいていいのです。その上で今、あなたは地球にいるのですから、地球の暮らしも思う存分、楽しんでほしいと思っています。

Q10. 死んだ猫の魂が新しい猫の身体に入ることはある？

質問者J —— 飼っていたペットの愛猫が死んでしまいました。ある人から、「死んだ猫の魂は、新たに飼う猫の身体に入ることがある」と聞いたのですが、これは正しいですか？　つまり、2匹の猫の魂が1匹の猫の身体に入るということですが、そういうことってあるものなのですか？（20代　アルバイト）

A. **シリウス意識 ——** 基本的に、猫は多次元に生きる存在なので、いろいろなことが可能です。たとえば、あなたの亡くなった猫のスピリットがあなたの側に来ることがあ

るかもしれません。また、もし今、別の猫を飼っているの
なら、おっしゃるように、その猫が他界した猫と同じよう
な振動数を発することで、亡くなった猫の気配があり、新
しく飼っている猫にかつての猫の魂を感じることもあるか
もしれません。

　もちろん、それは一瞬の出来事かもしれないし、その感
覚が長い間続くかもしれません。こういったことには、い
ろいろなバリエーションがあります。だから、それをあな
たが実際に感じてみるのです。きっと、いろいろなパター
ンであなたの愛した猫がやってきてくれるはずですよ。ぜ
ひ、その感覚を楽しみながら、亡くなった猫とも交流して
みてください。

—— 第 6 章 ——
シリウス意識から
魂のガイダンス
〜あなたの悩みに高次元からお答えします〜

満月の日にハイウェイで
宇宙人と遭遇した日

〜 10月の満月の日にシャスタ山からラスベガスへ〜

　現在私は、定期的に世界中の特殊な磁場がある場所や古墳、ピラミッド、地球のチャクラやボルテックスと呼ばれるスポットへ行き、その土地の磁場を調整したり、その場に眠る古代からの叡智を受け取ったりするという活動をしています。

　実は、このような活動はたった1人で、10年以上前からどこにも発信せずに淡々と自腹で個人的な活動として行ってきたことです。

　ここでは、そんな世界のパワースポットを巡る私が体験した不思議な出来事の1つをご紹介したいと思いま

す。

　ある日のこと、私はカリフォルニアのパワースポット
で知られているシャスタ山からラスベガスへと向かう道
中のドライブをしていました。

　道中は携帯電話の通じないエリアであり、夜だったの
で目の前には空に浮かぶ大きな満月が出ていました。
　当然、街灯もなく、道路の両側には岩場が広がる道
を、ただひたすら月明かりを頼りに走っていました。

　すると、どうでしょう。
　私の目の前に突如、物凄いスピードで私の車と一定の
距離を保ちながら走る、巨大な黒い岩の塊が現れたので
す。

　ただし、こういった不思議なことは日常茶飯事なの
で、私はあわてふためくこともありません。
　直感的に、「あの巨石の中に入ろう！」と、巨石の中
へ入っていきました。

すると、その巨石の中には通路がありました。

　その通路は、地球上には存在しない質感で生きているような真っ赤な穴道をしていました。

　そして、その穴道を通り抜けると、ぽっかりと空いた空間が現れ、そこに150センチくらいの2人のヒューマノイド系の白い宇宙人が現れたのです。

　普通だったら、ここで誰もが恐怖におののくはずですが、私は彼らの見た目に驚きはしたもののテレパシーで彼らとはお互いに理解し合うことができました。

　彼らは攻撃的な存在ではないことがわかったのです。

　このとき彼らは、3次元の人間の世界の「無条件の愛」の概念ではなく、高尚な宇宙的な無条件の愛のエネルギー、宇宙の友愛のエネルギーそのものを送ってくれていたのでした。

　人間の世界では、同じ"愛"でも家族や親しい人への愛と他人へ向けた愛など違いがありますが、彼らの世界では、そういった境界線はなく、すべての生きとし生け

るものへ無条件の愛を持っていました。

　これこそがまさに、ワンネスの世界です。
　ふとした偶然の不思議な出会いでしたが、彼らからは
人間とは規模の大きさが違う宇宙規模の無条件の愛を感
じることができたことで、とても感動した出来事でし
た。

YouTube 動画の生配信中に突然現れた
小型の UFO の偵察機とその拡大部分

2015 年にラスベガスにおいて
ニューイヤーを迎える際の
カウントダウン時に現れた
UFO

モンタナ州の巨人の遺跡で受け取った
瞑想用に使用する高次元のコード

第 **7** 章

新しいあなたに
出会える
シリウス瞑想

この章では、私が世界各地のパワースポットで
行っている瞑想のセッションを
現地のエネルギーと共にお届けします。
シリウス意識からの誘導に
導かれるままに瞑想を行うことで、
その土地のバイブレーションを実際に感じながら、
本当のあなたに出会い、また、まだ見知らぬ
あなたにも出会えることができるはずです。
今回は、南米ペルーはアマゾンから
「身体ごと新しく生まれ変わる」瞑想と、
古代マヤの遺跡が眠るユカタン半島から
「自分が創造主であることを感じる」瞑想、
そしてエジプトの古代遺跡からは
「松果体を活性化する」瞑想をお届けします。

さあ、それではあなたも今、ここから
南米アマゾンへ、そして、ユカタン半島や
エジプトにワープしていきましょう！

シリウス瞑想①
「身体ごと新しく生まれ変わる」
—— From 南米ペルー、アマゾン ——

私は今、ペルーのアマゾンのジャングルの中です。
今からあなたをアマゾンのジャングルの中に
いざなっていきましょう。

ゆっくりと息を吸って、吐いてください。
息を吸って、吐いて、吸って、
そして、吐き切ってください。

全身をゆったりとリラックスさせていきましょう。
身体の隅々まで意識をして
全身の力を抜いていきます。

しっかりと、全身をゆるめていきましょう。

足のつま先から頭のてっぺんまで
リラックスしていきます。
特に、第三の目のサードアイから
目の奥の方にかけて、
どんどんゆるめていってください。

目の奥の方までゆるめていくと、
不思議なことに、
心臓の位置のあたりも
ゆるんでいくのがわかると思います。
心臓がゆるむと、その他のすべての臓器も
だんだんとゆるんでいきます。

あなたの全身は、とってもゆるんでいます。
どんどん、どんどん、ゆるんでいきます。

もし、眠りたくなったら眠ってください。
ぐっすりと眠ってください。
眠ってしまってもかまいません。

さあ、それでは、

今から地球の振動を感じてみましょう。

あなたには地球の鼓動が聞こえますか？

あなたの全身の振動が、

地球の振動と少しずつ重なっていきます。

地球の振動は、地球の愛のエネルギーです。

あなたの愛のエネルギーがだんだん

地球の愛のエネルギーと合わさっていきます。

ここは地球の南米のペルーのアマゾンの中です。

あなたのイマジネーションでOKなので、

南米はペルーのアマゾンのエネルギーを

感じてみてください。

あなたは、今の現世ではないかもしれませんが、

きっとパラレルリアリティで

南米のペルーにいたことがあるはずです。
あなたはそのことを知っています。

想像の中で、アマゾンの大地のエッセンスを
感じとってみましょう。
森林のエネルギー、大地のエネルギーが
感じられますか？
ここアマゾンの大自然の土地のエネルギーを
思い切り感じてみましょう。

それではここで、
アマゾンの意識に、アマゾンの神々に
あなたの感謝の心を伝えてみましょう。

この瞑想ができていることへの感謝を
アマゾンの大地の意識、神々たちへ捧げましょう。

私たち人間とアマゾンの大自然はつながっていて、
私たちが共生していることへの感謝を伝えましょう。

アマゾンの大地の意識、アマゾンの神々の意識を
しっかりと感じてみましょう。

それでは、ここから
アマゾンの神々と会っていきましょう。

最初に、古代からアマゾンでは
神として崇められてきた動物、
ジャガーのエネルギーを感じてみましょう。

ジャガーの神様は、
私たちの古くなった脳を食べてくれます。
私たちの古いバージョンの脳を
全部食べてくれるのです。

さあ、次の神様はカエルです。
アマゾンの広大な緑の中に棲む
大きなカエルの神たちが

私たちの古くなった臓器を食べてくれます。
身体の中をキレイにしてくれます。

カエルの神様に感謝の気持ちを伝えましょう。
ありがとう、と。

もし、あなたの体内にケアを施す必要があれば、
カエルの神様があなたの身体に
手術を施してくれます。
あなたの臓器はキレイに修復されるでしょう。
ここでしっかりとケアを受けてください。

また、あなたに不必要な感情、
エネルギーがすべて出てきます。
それらが放出され、浄化されていくにつれて
あなたはあくびが出たり、
涙が出たりするかもしれません。
吐き気がするかもしれませんが、
すべてここで出し切ってください。

あなたの身体から出てきたものすべてを
アマゾンの神である蛇たちが食べてくれます。

ジャガーの神はあなたの古い脳を、
カエルの神はあなたの古い臓器を、
蛇の神はあなたの古い感情やエネルギーを
食べてくれます。
あなたの血液レベルから新しいあなたへと
丸ごと入れ替えてくれるのです。

あなたは身体を持ち、この地球で生きています。
今のあなたは"時間"というものに
同意をしているかもしれません。
だから、アマゾンの神々からのケアを受けることに
長い時間がかかる人もいるでしょう。
一人ひとりの時間の感覚は違いますからね。

新しいあなたに生まれ変わるまで、

しっかりとここで神々からの癒やしを
受け取ってください。

今、あなたの身体のエネルギーのシフトが
行われています。
アマゾンの神々からのヒーリングを
十分に受け取ったと感じたら、
手の指先や足のつま先を少しずつ動かしながら
大きく深呼吸をしてみましょう。

深呼吸を3回したら、
今、ここに戻ってきましょう。

南米アマゾンの神々からのギフトは、
あなたの身体に物理的なヒーリングを
行うことでした。
あなたの身体を
"総入れ替え"することだったのです。

さあ、ゆったりとリラックスしてください。
神々から施されたケアをしっかりと受け取ったら、
こちらにゆっくり戻ってきましょう。

今、あなたは、新しいあなたに、
生まれ変わりました。

シリウス瞑想②
「自分が創造主であることを感じる」

—— From ユカタン半島 ——

今から、古代マヤの遺跡が眠る
ユカタン半島からの瞑想をお届けします。

目を閉じて、息をゆっくり吸って、
ゆっくり吐いてください。
息をゆっくり吸って、ゆっくり吐いて、
ゆっくり吸って、そして、
息を吐き切ってください。

全身をゆったりとリラックスさせながら、
全身の力を少しずつゆるめてみましょう。

あなたの頭、肩、肩甲骨、臓器、腰回り、
膝、足首、足の裏までを

意識しながら順番にゆるめていってください。
あなたの眼球もしっかりゆるめて、
身体に込めている力を脱力していきます。
ゆったりとリラックスしてください。

その状態で、頭の中に不必要なエネルギーがあれば、
それらをすべて宇宙に流していきましょう。
あなたにとって、要らないエネルギーを
どんどん宇宙に流しましょう。

次に背骨のエネルギーを流していきます。
背骨に溜まっている
あなたにそぐわないエネルギーを
宇宙に流していきましょう。

次に、各臓器に溜まっているエネルギーも
宇宙に流していきましょう。
不必要なエネルギーは、
どんどん宇宙に流すのです。

仙骨のあたりに溜まったエネルギーも
宇宙に流していきます。
すると、腰回りがどんどん軽くなっていくはずです。
その軽さを感じてみてください。

次に、足の裏にも意識を向けてみましょう。
再び、足の裏から頭の先まで、順番に意識しながら
身体をゆるめていきましょう。

もっともっと、ゆるめてみてください。
肉体のすべてを最大限までゆるめ続けてください。

その状態で、深呼吸をしてみましょう。
眠りたい方は、ぜひ、眠ってください。
ここには、時間と空間はないのですから。

それでは、ここから時空を超えていきましょう。

かつて空から隕石が降ってきて
地球のこの場所に落ち、
時空間をゆがませたその瞬間に、
あなたのエネルギーを同調させてみましょう。

この場所に隕石が衝突した後のエネルギーを
感じてみてください。
この世界に何も存在することのできなかった瞬間の
エネルギーを、ただただ感じてみてください。

その人智を超えるような大きな出来事の後の
無の振動数、波動に触れてみてください。

ただただ、それを感じてみてください。

次に、隕石が衝突する際の破壊、
そして衝突後の再生のエネルギー、
そして、そこからはじまる創造のエネルギーを
取り込んでみましょう。

しっかりと、それらのエネルギーを
感じてみましょう。

あなたのイマジネーションの中でいいので
破壊の後、何も存在できなかった時代を経て、
初めてそこに誕生した生命体である
アメーバのエネルギーを感じてみましょう。

あなたの足の裏、手の平から
そのアメーバのエネルギーを
感じ取ってみてください。
今のあなたの身体に、
そのアメーバのエネルギーを
チューニングしていきましょう。

アメーバのエネルギーを取り込むことによって、
あなたの身体の中にある
細胞内のミトコンドリアとDNA情報が

しっかりとアップデートされていきます。

次に、隕石が衝突した後に破壊から再生を経て
あなたが自由にすべてのものを
創造することができるのだ、
ということを感じてみましょう。

その神秘的で、自由な、
創造主としてのエネルギーを感じるのです。
あなた自身が創造の源であり、
その一部であるということを
しっかりと全身で受け止めてください。

ユカタン半島に起きた隕石の衝突は、
すべての時空間、パラレルワールドに
影響を与えました。
また、すべての生命体にも
影響を与えることになりました。

でも今、
ここにいる私たち一人ひとりのエネルギーも
隕石が衝突した時のエネルギーと同じくらい
影響力を持つことができるのです。

あなたのエネルギーも
時空間を超えて無限のパラレルワールドへ、
また、すべての生きとし生けるものたちへ
影響を与えていくのです。

そのことをしっかりと感じてみてください。

それでは、息をゆっくり吸って、ゆっくり吐いて、
ゆっくり吸って、ゆっくり吐いて、
ゆっくり吸って、そして吐き切ってください。

では、ゆっくりと目を開けたら、
こちらに戻ってきましょう。

少しずつ手や足を動かしてみてください。

今、ここに戻ってきましょう。

あなたは、これから創造主として

生きていけるはずです。

シリウス瞑想③

「松果体を活性化する」

—— From エジプト遺跡 ——

次は、エジプトの遺跡からの瞑想を
お届けします。

ここは、エジプトの中でも
観光地化されていない場所にある、
古代の神殿内にある
秘密のエネルギースポットです。

あなたをエジプトへ誘うために、
この場所の写真を右のページにご用意しています。
時空間は関係ありません。
あなたは、その写真を見つめることで
いつでも私と一緒に、エジプトのこの場所に
ワープできるようになっています。

— 第 7 章 —
新しいあなたに出会える
シリウス瞑想

それでは、はじめてみましょう。

まずは、深呼吸を何度か繰り返してください。
あなたの全身が少しずつ、少しずつ
リラックスしてきました。

右目でこの場所のエネルギーを感じてみてください。
次に、左目で同じように
この場所のエネルギーを感じてみてください。
両方の目でエネルギーを感じてみてください。
感じられましたか？

今度は、右の鼻から
この空間のエネルギーを吸い込んでみましょう。
次に、左の鼻から同じように
エネルギーを吸い込んでみましょう。
最後に、両方の鼻の穴から
エネルギーを吸い込んでみましょう。

今、あなたの第三の目の奥にある松果体へ
この場所のエネルギーが送られ、
松果体が活性化されはじめました。

ではここで、
松果体が活性化されていることをイメージしながら
右の手の平を写真の上にかざして、
左手を自分のハート（心臓のあたり）
の位置の上に置き、
写真から出るエネルギーをハートに
送りこんでみましょう。

ハートでエネルギーが感じられたら、
その逆もやってみましょう。
左の手の平を写真の上にかざして、
右手をハートの上に置き、
写真からのエネルギーを
ハートに送り込みましょう。

それでは最後に、
今、取り入れた光のエネルギーを
頭頂部からつま先まで流すようにイメージをして、
全身からあなたの身体の周囲のオーラにまで
流していきましょう。

あなたはあなたのいる場所にいながら、
エジプトの遺跡に未だ残されている
古代からのギフトである
「古代アーク（高度な宇宙技術の機械）」を使って、
ご自身の不要なエネルギーを除去し、
松果体を活性化したのです。

今、あなたの肉体とエネルギーフィールドは
整い最大限に活性化して、
最高にバランスが取れた状態になっています。

おわりに

　今、南米ジャングルでの旅の途中でこれを書いていま
す。
　シャーマンとあと2回ほどアヤワスカの儀式の体験を終
えて、このジャングルから出ることになります。

　光栄なことに、ここで初めて会ったシャーマンから、私
は初日からシャーマンとして認定されることになりまし
た。

　不思議なことに、この場所に集まって参加した人たち
は、お互いに自己紹介もないまま儀式を行うことになって
いました。
　そんな中、参加者7人のうち、唯一私だけが現地の
シャーマンからシャーマン認定を受け、私の目の前で
シャーマンの歌を歌っていただくことになったのです。

正直申し上げると、私はアヤワスカのお茶を飲まなくて
も常日頃からビジョンも見えれば、時空を飛ぶこともあ
り、宇宙人や高次元の存在たちとも交流しています。

　だから、アヤワスカの儀式を行うことで、新たな発見が
あるわけではありません。

　それでも、ここでシャーマンや古代のスピリットたちか
ら、私が普段行っていることに「それで合っているよ」と
太鼓判をいただくことができたようです。

　つまり、私が常々世界中のパワースポットでリトリート
を行い、各地での儀式や神事を通して参加者たちと共に見
るビジョンや異次元へのトリップのワークは間違っていな
かったということです。

　ここジャングルでも他の参加者たちから、「どうやった
ら、そんなビジョンを見ることができるの？」などと質問
攻めにあっています。

　その回答として、もし、アヤワスカを通してビジョンが
見たいなら、アヤワスカの儀式は何回か行う必要があるか

もしれません。

　基本的に、私がアヤワスカの儀式で行っているのは、地球のヒーリングです。

　儀式の最中は、いつも全米各地でやっている時と同じように、膨大なエネルギーを使いながらエネルギーワークをしています。

　ここでは私も、現地のシャーマンたちがそうしているように、初日から無限にあるパラレルを移動しながら蛇の御神体や蛙たちと一緒に無限の地球をヒーリングしています。

　これは決して特別なことなどではなく、毎週自分のYouTubeのチャンネルでやっていることと同じなのです。

　ここにいるシャーマンもですが、小さな頃から普通にUFOなどを見て異次元とふれあいながら育った人間は、あえてスピリチュアルなものを求めません。

　それは、「すべてがここにあるから」です。

　読者の皆さんも、すべてはすでにここにあるのですか

ら、どうかグラウンディングしながら、盲目的に何かを求めようとするのではなく、すばらしいご自身の人生を送っていただければと思います。

　最後に、この本の出版のお話を進めてくださったヴォイス社長の大森さん、すばらしいセンスと宇宙のお仕事に参加してくださった編集のKeikoさん、デザインの小山さん、制作に関わってくださった方すべてに心からの感謝の気持ちを込めて。本当に、ありがとうございました。

　あなたの輝かしい日々が、時空を飛び越えて私も含めたすべての存在とつながっています。

　あなたが、あなた自身を輝かせてくれることに、心からの感謝と無条件の愛を送ります。

　本当に、どうもありがとう！
　無条件の愛を込めて。

Karma

Karma
カルマ

米国カルフォルニア・ロサンゼルス在住。スピリチュアルヒーラー、チャネラー、UFO コンタクティ、自己啓発インフルエンサー。世界中のパワースポットや世界遺跡を旅しながら、その土地を癒やすワークを行い、その様子を SNS などを通じて視聴者・フォロワーに伝えている。シリウス意識他、高次元存在たちのメッセージを届ける活動に加え、スピリチュアルの世界の真実や最新情報などを日本の人々に向けてだけではなく、アメリカをはじめ、EU 諸国、インドを主とするアジアなど世界で活動・活躍する人々との交流を深めながら、世界に向けて質の高い情報を発信している。

YouTube チャンネル
「カルマ Karma」

ブログ
https://ameblo.jp/ufo-et-sirius/

インスタグラム
https://www.instagram.com/karma_sirius/

@KARMA_SIRIUS

オンラインサロン

Special Thanks to:

Bill Homann 様

Mitchell Hedges Crystal Skull 様

Chad Hadzinsky 様

Chief Golden Light Eagle 様

本田 健 様

応援いただいた皆さま。
ありがとうございました！

Mayan Time Keeper Gina、Starseed Ku、Spiritual Akiko、市村よしなり。、Gregory Sullivan、emi、ミスター、Narasaki、美江、尋子、まゆみん、マサコ、愛子、絵美、麻理、初、令子、清子、有美、恵利子、佐和子、千代海、邦子、布美子、みどり、敦子、一俊、貴子、良枝、穂積、奈緒子、Kyoko、純子、理恵、千恵、里美、佑実加、みどちゃん、友美、えり子、ゆうこ、にしき、Yumiko、智子、雅子、純、ゆみ、とーます、ゆぅみぃ、アリアリ、Masayo、由華、ニコラ、愛美、Miyu、だんご、侑那、Seiko、ちえ、生子、Manmaru、Kayoko、朱伽、博子、琢馬、薫、愉美、美恵、智恵、棚木、中原、道子、一枝、恵、紋和、Miho、空飛、秋、Manaho、ともこ、和代、珠美、由理、祝子、Akiko、美智子、Naho、Yasko、咲恵、あいこ O、貴ちゃん、ムニャ、さちよ、尚子、なおちゃん、AI、Chiharu、加菜、由賀、にっちゃん、ゆ〜じ。

シリウス意識が教えてくれる、
何にもいらない Karma<ruby>カルマ</ruby> の法則

世界を旅して地球を癒やす Traveling Girl<ruby>トラベリング・ガール</ruby> からのメッセージ

2023 年 10 月 15 日　第 1 版第 1 刷発行

著　者　**Karma**

編　集　西元 啓子
校　正　野崎 清春
デザイン　小山 悠太

発行者　大森 浩司
発行所　株式会社 ヴォイス　出版事業部
　　　　〒 106-0031
　　　　東京都港区西麻布 3-24-17 広瀬ビル
　　　　☎ 03-5474-5777（代表）
　　　　📠 03-5411-1939
　　　　www.voice-inc.co.jp

印刷・製本　株式会社 シナノパブリッシングプレス